Darin besteht die Liebe: dass sich zwei Einsame
beschützen und berühren und miteinander reden.

(Rainer Maria Rilke)

Ich widme dieses Buch

> den Menschen die lieben
> den Menschen die einsam sind
> den Menschen die die Einsamkeit lieben
> den Menschen die die Liebe lieben
> den Menschen die einsam sind in ihrer Liebe

Layout: Christian Gawrilowicz (chriga)
Fotos: Herbert Langer, Barbara Gawrilowicz
Herstellung: Libri Books on Demand
ISBN 3-8311-0084-5

Inhaltsverzeichnis

Atem

Ich möchte
Dich einatmen
Auf der Zunge
Zergehen lassen
Und dann
Nie wieder
Ausatmen

Haut an Haut

Haut an Haut
Erwachen an deiner Seite
Dich zudecken mit einer Flut
Von Zärtlichkeit und Liebe
Deine Lippen entlang spazieren
Und deinem Atem lauschen
Überall nur dich fühlen
Und sonst nichts

Vergiss zu leben
Vergiss zu sterben
Liebe nur

Schlaf weiter, Geliebter
Und wenn wir uns morgen begegnen
Werden wir Fremde sein
Aber diese eine Nacht
Gehört der Ewigkeit

Vier Wochen

Was sind schon
Die vier Wochen
Die ich auf dich warte
Verglichen mit der
Ewigkeit

Was ist schon
Die Ewigkeit
Verglichen mit
Den vier Wochen
Die ich auf dich warte

Wünsche

Ich wünsche mich
In deine Gedanken
Und auch in deine
Und in deine sowieso

Und wenn ich dann
Eines Tages
Sterbe
Werde ich nie
Wirklich tot sein

Ich bin ja
In deinen Gedanken
Und auch in deinen
Und in deinen sowieso

Du und der Frühling

Sonnenstrahlen, erwachendes Leben
Wärmende Sonne auf hungriger Haut
Geöffnete Seelen, voll Sehnsucht nach Liebe
Und Südwind und Blumen - und überall du

Grünende Wiesen, sich öffnende Knospen
Weiß verschleierte Bäume und Licht
Reste von Schnee in versteckten Mulden
Und Grillen und Falter - und überall du

Lachende Menschen, spielende Kinder
Flatternde Wäsche auf der Leine im Wind
Glückseligkeit in all den jungen Gesichtern
Und Musik und Gesänge - und überall du

Strahlende Augen, schwingende Röcke
Parfums und Düfte nach Freiheit und Lust
Kreisende Vögel, von den Lüften getragen
Und Fernweh und Bleiben - und überall du

Schwebendes Schreiten, auf Wolken wandeln
Genießen und freuen und vieles versteh´n
Sich des Daseins bewußt sein, das Leben begreifen
Und träumen und sehnen - und überall du

Den Winter vergessen, den Sommer nicht fürchten
Vorbei ist die Kälte, die Hitze noch fern
In Gefühlen baden wie in der Brandung der Meere
Vereint mit der Schöpfung - und überall du

Durchstarten

Ich habe Kraft getankt
Aus dem Licht der Sonne
Aus dem Rauschen der Wellen
Aus dem Blick aus deinen Augen

Ich habe meine Schwäche überwunden
Und werde fliegen

Mit verbrannten Flügeln
Mit Bleigewichten an den Füßen
Mit meiner Sehnsucht im Herzen
Werde ich abheben
Und hinter dem Horizont entschwinden
Den man Freiheit nennt

Echo

Für dich
Will ich
Echo sein
Nicht Körper
Nicht Gefühl
Nur Stimme noch
Die ungehört verhallt

Begegnung

Am Ende eines langen Weges
Bist du mir begegnet
Eingehüllt in deine Traurigkeit
Standest du vor mir
Verloren
Einsam
Fremd sogar
In deinem eignen Leben

Nur schemenhaft
Aus weiten Fernen
Ein verlorenes Lächeln
Abglanz einer Zeit
In der du
Vielleicht
Glücklich warst

Lass dich fallen
Starker Mann
Ich fang dich auf
Und helfe dir
Dich durch dein Leben tragen

Augen - Blicke

Beim Blick in deine Augen
Fühl ich mich so geborgen
Dass ich mich dort
Zur Ruhe legen möchte

Ich schließe meine Lider
Rolle mich zusammen
Wie ein Kater
Und schnurre mich
Durch unsere Augen - Blicke

Ich bin

Ich bin
Kraft durch deine Nähe
Ich bin
Stärke durch dein Lachen
Ich bin
Energie durch den Blick deiner Augen
Ich bin
Lebenslust durch den Klang deiner Stimme

Ich bin gar nichts
Denn du
Bist nicht hier

Mein Ziel

Es regnet
Es schneit
Die Straßen
Eisglatt

Es tut
Nichts zur Sache
Mein Ziel
Bist du

Spuren

Ich möchte Spuren hinterlassen
In deinem Leben
Ich möcht auf deine Narbe zeigen
Und sagen können:
"Die ist von mir!"

Wenn du von Liebe sprichst
Dann möcht ich
Dass du meinen Namen nennst

Wenn dein Atem
Meine Wange streift
Dann möchte ich das Echo
Meines Kusses wieder hören

Und wenn du einst
Mit deinen Freunden
Von mir sprichst
Dann möchte ich
Dich sagen hören
Dass mein Denken, Fühlen, Wünschen
Weiterlebt in dir

Dämmerung

Wenn sanft die blauen Dämmerschatten
Sich niedersenken
Wenn rosarot der Himmel
Weich verglüht
Wenn Zwielicht eins wird
Mit dem Tagessterben
Dann wird es still ringsum
Und auch in mir

Dann schreit die Sehnsucht
Nicht mehr nach Erfüllung
Und auch das Fernweh schweigt
Und träumt sich fort
Mein Drang nach Freiheit ruht
Bis in den Morgen
Und mit ihm schlummert
Meine Ruhelosigkeit

Dann denke ich an dich
Und durch die Stille
Wünsch ich mir dich
Ganz einfach her zu mir

Nie für mich

Du tust so weh

Deine Liebe
Dein Lächeln
Deine Zärtlichkeit

Immer für sie
Nie für mich

Unsterblich

In deinem Haus
Am Rande der Zeit
Bin ich dir begegnet

Seither ist
Die Vergänglichkeit tot
Denn mit dir
Fand ich die Ewigkeit
Und bin
In deiner Umarmung
Unsterblich geworden

Ein Gefühl namens Liebe

Ich stehe auf und lächle
Ich werd` dich heute seh`n -
Vielleicht

Ich schweb` auf einer Wolke
Bald schon muss ich geh`n -
Bestimmt

Mein Herz beginnt zu klopfen
Die Welt stoppt sich zu dreh`n -
Eher nicht

Ein Knoten steckt im Magen
Kalte Winde weh`n -
Auch egal

Ich seh` in deine Augen
Dein Lächeln wird vergeh`n -
Hoffentlich nicht

Ich fürchte, das ist Liebe
Man kann`s nicht überseh`n -
So ein Schmarr`n

Interpretationen

Du sprichst von Liebe
Und meinst Begehren

Du sprichst von Brauchen -
Und du meinst es so

Du sprichst von Sehnsucht
Und meinst Befriedigung

Du sprichst von Liebe

Und manchmal
Wenn ich in deinen Armen liege
Dann glaub ich dir sogar

Zweifel

Deine Hände auf meinem Körper
Deine Haare auf meiner Haut
Dein Mund in meinem Schoß

Doch wo sind jetzt deine Gedanken
Sind die wirklich hier bei mir
Bei mir - deinem weinenden Clown

Zweisamkeit

Wie viele Ewigkeiten
Hab ich schon
Darauf gewartet
Einmal
Mit dir
Allein zu sein

Nun sitzen wir
In diesem dunklen Raum
Allein
Von ferne klingen leise Melodien
Und durch die dämmerig-vertraute Stille
Blitzt dein Lächeln
Und du sagst:
"Ich hab die falschen Schuhe an
Sie tun mir weh!"

Vertrauen

Ich möchte mich
So gerne fallen lassen
In mein Vertrau'n
In meine Liebe

Doch stets
Klingt eine Stimme
An mein Ohr
Die warnt
Pass auf
Vertrau nicht blind
Auf dein Gefühl
Du könntest dich verletzen

Die Vorsicht hat
Die Überhand gewonnen
Wo vorher Lust und
Lebensfreude war

Ich bin -
Vielleicht
Nicht ganz verwundet worden
Und hab -
Vielleicht
Aus Angst nicht ganz geliebt

Wer bist du?

Ich würde gern
In deinen Augen lesen können
Die Worte hören
Die dein Mund mir stets verschweigt
Möcht die Gedanken sehen
Die hinter deiner Stirn geboren wurden
Die du für dich behältst
Mit niemandem sonst teilst

Ich würde gern
Den Sinn erahnen können
Der Worte, die zwischen andern Worten
Du verbirgst
Was willst du sagen
Wenn du mit mir redest
Was teilst mit deinem Schweigen
Du mir mit

Irgendwo

Irgendwo
Im Nirgendwo
Hinter dem Horizont
Werden meine Sehnsucht
Und meine Liebe sich finden
Und in der Unendlichkeit
Von Zeit und Raum
Für immer
Unsterblich sein

5003

Ich habe beschlossen
Dich zu vergessen

Ich werde
Nie mehr
An dich denken
Nie mehr
Von dir reden
Mich
Nie mehr
Nach dir sehnen

Bis zum Jahr 5003
Werde ich es sicher
Geschafft haben

Erinnerungen

Gestern
War ich bei dir
Und bekam eine Ahnung davon
Wie der Himmel ist

Heute
Hast du dich verkrochen
In deinem Schweigen
Und lässt mich zurück
In meiner dunklen Traurigkeit
Allein mit der Erinnerung
An den Geruch
Deiner Umarmung

Gefangen

Gefangen
In mir selbst
Unfähig
Mich in die Freiheit zu entlassen
Stehe ich
Mir immer im Weg
Und renne bei jedem Schritt
Dauernd
Gegen mich

Auf der Flucht

Fliehen vor dir
Fliehen vor der Wirklichkeit
Fliehen vor mit selber

Losrennen
Davonrennen
Keine Luft mehr bekommen
Immer weiterrennen
Nie ankommen

Maske

Nimm dieses Lächeln
Aus deinem Gesicht
Ein jeder sieht doch
Es ist nur eine Maske

Eine Maske
Aus Tränen geboren
Und im Laufe der Jahre
Erhärtet zu Stein

Nimm sie ab, deine Maske
Erlaube dir doch deine Traurigkeit
Und deinen Freunden
Den Blick in deine Seele

Menschen dieser Stadt

Gesichter ohne Namen
Augen ohne Wärme
Lippen ohne Worte -
Menschen dieser Stadt

Doch plötzlich, in der Menge
Zwei Augen, ein Gesicht
Blicke, die sich treffen
Aneinander klammern
In der Seele des anderen
Versinken
Sich finden und eins werden
Für Augenblicke
Für Sekunden
Für die Ewigkeit

Ein Lächeln
Kurz wie Wetterleuchten
Blitzt auf in deinen Augen

Du gehst weiter
Fremder Mensch
Gesicht ohne Namen

Lebst in mir fort
In deinem Lächeln
Das meine Welt erhellte
Für diesen Augenblick
Verschwindest in der Menge
Die dich aufsaugt
Vereinnahmt
Die Spur deines Daseins verlöscht
Mich zwingen will
Zu glauben
Dass es dich nicht gibt

Und doch
Ich weiß du existierst
Irgendwo
Unter den Gesichtern ohne Namen
Den Augen ohne Wärme
Den Lippen ohne Worte
Lebst du
Hier in dieser Stadt

Fortgang

Ich gehe fort
Dorthin
Wo meine Sehnsucht
Keinen Namen mehr hat
Wo meine Träume
Zum lautlosen Schrei erstarren
Wo meine Angst
Zur Insel wird
Im Niemandsland

Grüß das Leben von mir
Wenn du ihm begegnest
Sag ihm
Ich hätte es gerne
Kennengelernt

Heute

Heute
Bist du in mein Leben getreten
Und hast es auf den Kopf gestellt

Heute
War ich glücklich
Wenn ich dein Lachen hörte

Heute
Weine ich um dich
Denn

Heute
Ist immer noch

Ohne Namen

Heute
Hab ich deinen Namen
Totgeschwiegen
Als sie mich fragten
Ob ich wüßte
Wie du heißt.

Vielleicht
Wenn meine Sehnsucht
Namenlos
Geworden ist
Dann kann ich sie
Vergessen
Und dich auch.

Jene Tür

Du kamst herein
Durch jene Tür
Und standest plötzlich
Nicht nur im Raum
Nein, auch mitten in meinem Leben

Ganz selbstverständlich warst du da-
Belehrend
Lächelnd
Befehlend
Unsicher manchmal, fast scheu

Warst arroganter Macho
Warst mitfühlender Freund
Warst ausgelassenes Kind
Warst empfindsamer Mann

Was und wie immer du auch bist -
Du bist es nicht mehr für mich

Ein letztes Mal
Hast du die Tür geschlossen
Bist hinaus gegangen aus dem Raum
Hinaus aus meinem Leben
Hinaus durch jene Tür

Ein Traum

Ein Traum
Hat mich umarmt
Und der Klang seiner Stimme
Verursachte Gänsehaut

Einen Traum
Hab ich besucht
Und als ich mich
In sein Lachen schmiegte
Sang Al Bano Carisi
Von Amore

Ein Traum
Sah mir in die Augen
Und sagte
Wir werden
Uns wiedersehen

Ein Wecker hat geklingelt

Ein Traum ist aus

Ermüdete Sehnsucht

Meine Sehnsucht
Ist müde geworden
Von den vergeblichen Versuchen
Sich unter deine Haut zu graben

Sie hat sich
Ihre Zähne ausgebissen
Am Panzer
Deiner Unnahbarkeit

Jetzt ist sie
Müde geworden
Und schlummert
Traurig jenem Tag entgegen
Wo sie der Prinz
Vielleicht
Doch einmal
Küssen wird

Schade

Es hätte Freundschaft
Werden können
Vielleicht auch Liebe

Doch es wurde nur
Ein kurzer Weg
Den wir
Gemeinsam gingen

Für Liebe war
Zu wenig Zeit
Und Freundschaft
Hatte keine Chance
Zu bestehen

Niemandsland

Ich hab mich verloren
Im Niemandsland der Gefühle
Irgendwo
Zwischen meiner Liebe
Und meiner Sehnsucht
Nach dir
Bin ich mir
Abhanden gekommen

Wenn du mich findest
Gib mich ab
Im Fundbüro
Das man Leben nennt

Wiedersehen

Heut sah ich dich wieder
Nach vielen Wochen
Verdammt noch mal
Es tut immer noch weh
Dein Lachen zu hören
In deinen Augen versinken
Im Klang deiner Stimme
Unterzugehen

Ich will dich endlich vergessen
Nie mehr an dich denken
Die Erinnerung löschen
An die Stunden mit dir
Es ist alles vergebens
Der Schmerz ist geblieben
Und die Gedanken an dich -
Ich vermisse dich so

Von ferne

Von ferne seh ich dich manchmal noch
Ein Fremder, und doch so vertraut
Das Flattern im Magen - es ist immer noch hier
Und das Brennen auf eiskalter Haut

Von ferne hör ich dich manchmal noch
Deine Stimme, sie klingt mir so nah
Im Ohr deine Worte, die Gespräche mit dir
Tut mir leid, was seither geschah

Von ferne spür ich dich manchmal noch
Glaub fast, deinen Atem zu hör´n
Fühl ganz intensiv den Geruch deiner Nähe
Und bist doch so unendlich fern

Warten auf dich

Wenn ich
Zu dir will
Hast du keine Zeit
Und deine Nähe
Such ich seit langem schon
Vergebens

D'rum hab ich mich jetzt abgelegt
In deinem Wandverbau
Buchenholz furniert
Mit Einteilung
Für 105 CD's
Und Glasvitrine

Wenn du
Mich wiederfinden willst
Dann such mich
Unter "B"
In der dritten
Schublade von rechts

Weggegangen

Habt ihr's schon bemerkt
Die Liebe ist nicht mehr da

Sie ist weggegangen
Gestern nachmittag so gegen vier

Sie wurde noch gesehen
An der großen Kurve
Links vom Norden

Man sagt
Sie hat das Lachen
Und das Glück
Mit sich getragen
In einer Plastiktasche
Bunt bedruckt
Mit dem IKEA - Logo
Oder so

Ob sie
Wohl wiederkommen wird?

Wind

Ich werfe dir meine Träume zu, Wind
Fang sie auf und trag sie weit fort
Erzähl sie dem Weisen auf dem Olymp
Verkünd sie an jedem anderen Ort

Vielleicht ist irgendwo auf dem Baum
Ein Adler, der sie verschlingt
Sie hinausschreit weit über Zeit und Raum
Wenn er dereinst sein Totenlied singt

Ich verrate dir meine Gedanken, Wind
Geheimnisvoll, traurig und wild
Voll Erinnerung an die, die gegangen sind
Voll Leere wie ein verblasstes Bild

Vielleicht triffst du irgendwo auf der Welt
Einen Menschen, der sie versteht
Der sie mitnimmt und in seinem Herzen behält
Auch wenn sonst alles zugrunde geht

Ich schenke dir meine Sehnsucht, Wind
Behalt sie oder schick sie dem Orkan
Ich wollte, ich wär noch immer ein Kind
Und er nur irgendein fremder Mann

Vielleicht findest du ein Gebirge, so hoch
Dass es nie eine Wiederkehr gibt
Bind sie fest dort oben, es tut so weh
Wenn das Feuer den Wasserfall liebt

Ein Vogel

Du, Vogel, du
Leih mir dein Leben
Ich möchte mit dir tauschen
Möchte statt deiner da oben schweben
Getragen vom Wind
Ungebunden und frei

Du, Vogel, du
Leih mir deine Augen
Ich möchte mit dir tauschen
Möchte nur noch die Berge sehen
Die Weite der Meere
Den Flüssen folgen
Durch´s grünende Tal

Du, Vogel, du
Leih mir deine Schwingen
Ich möchte mit dir tauschen
Möchte emporsteigen zur Sonne
In ihrer Glut verbrennen
In Freiheit sterben
Dem Himmel nah
Du, Vogel, du
Komm nie mehr zurück
Weck nicht diese Sehnsucht in mir
Die mich zerreißt
Mich fortzieht
Dorthin, wo Enge und Grenzen
Unbekannt sind

Müdigkeit

Ich bin müde
Zu müde zum Lachen
Zu müde zum Weinen
Des Lebens müde

Süßer Schlaf
Mein stiller Geliebter
Schick mir doch
Deinen großen Bruder
Damit er mich
Endlich heimholt
In sein friedvolles Reich

Ich warte
Auf sein Kommen
Und trage bis dahin
Vor meinem Gesicht
Die lächelnde Maske

Nacht

Bleib bei mir, Nacht
Verhüll' die Wirklichkeit
Mit deinem dunklen Charme

Lass mir die Träume
Und die Wünsche
Die mich begleiten
Durch die Dunkelheit
Behüte sie
Und lass nicht zu
Dass sie
Im Sonnenlicht verglüh'n
Lass Schatten
Über meinem Sehnen liegen
Denn mit dem Morgen
Stirbt die Fantasie

Stolperschatten

Ich bin über meine Träume gestolpert
Und dabei meinem Schatten
In die weichen Arme gefallen

Nun halte ich ihn tröstend umschlungen
Und küsse die salzigen Tränen
Von seinem schwarzen Gesicht

Er lächelt verzweifelt
Und bedeckt
Mit seiner Schattenhaftigkeit
Die leuchtenden Farben
Meiner gestorbenen Illusionen

Stille Nacht

Stille Nacht
Sehnsucht
Verlangen

Vergebens
Verzweifeln
Erfrieren

Stille.
Nacht.

Schwarzer Engel

Ich fühl dich nahen
Schwarzer Engel
Der Windhauch
Deines dunklen Flügelschlages
Streift sanft meine bleichen Wangen
Umfächelt wärmend
Meinen müden Körper

Es gibt keine Schwere mehr
Nur noch Licht

Weine nicht
Du Flüstern aus dem Drüben
Wir werden gemeinsam gehen
Dann wird es leicht
Für uns beide sein

Schatten

Mein Gesicht der Sonne zugewendet
Geh´ ich der Helligkeit entgegen
Und weiß es doch
Du bist ganz nah
Mein dunkler, schweigsamer Freund
Folgst lautlos meinen Schritten
Gehst die selben Straßen
Die auch ich geh´
Verharrst still an meiner Seite
Wenn ich eine Rast einlege
Auf meinem ruhelosen Weg
Verschwindest im Nichts
Wenn dunkle Stunden
Mich umgeben
Und dennoch
Möchte ich
So gerne sein wie du
Denn du spürst nicht
Die Schmerzen
Nicht die Sehnsucht
Und das Leid
So wie ich

Unter Palmen

Auch Tränen
Unter Palmen
Bleiben Tränen
Und die Sehnsucht
Nach der Liebe
Tut auch im Süden
Immer weh

Was soll ich also
Unter Palmen
Wenn ich
Zu dir will
Und statt dessen
Meere mich
Gefangen halten

Der Fall des Mondes

Gemeinsam
Hat uns einst der Mond gehört
Doch der fiel vom Himmel
Direkt in den Teich
Hinter unserm Haus

Während ich
Ihn aus dem Wasser fischen wollte
Bist du leise fortgegangen

Allein
Gehört mir nun der Mond
Und die Erinnerung
An dich

Schrei der Einsamkeit

So viele Menschen hier --
Und mich erwürgt die Einsamkeit
Mein stummer Schrei
Nach Liebe
Hallt lautlos über's Meer
Und keiner hört ihn
Doch mit dem Klang
Der Wellen
Kommt auch
Das Echo wieder her
Und hüllt mich ein
In tränenlose
Traurigkeit

Ein Tag unter vielen

Ein Tag beginnt
Die Stunden schleppen sich
Bleischwer und endlos
Der Dämmerung entgegen

Endlich Abend
Mir ist kalt

Auf der Suche
Nach Geborgenheit
Schling ich meine Arme
Fest um mich
Und wieg mich
In den Schlaf

Die Nacht
Bedeckt die Traurigkeit
Und schickt -
Für Stunden nur -
Vergessen

In meinen Träumen
Fühl ich mich
In Sicherheit
Bis morgen dann
Ein neuer Tag beginnt

Mauerbau

Damit mich
Niemand mehr
Verletzen kann
Hab ich
Stein für Stein
Um mich herum
Eine Mauer aufgebaut

Nun kann mich
Niemand mehr
Verletzen --
Aber auch
Niemand mehr
Umarmen

Wozu

Wozu bin ich geboren
Um zu sterben
Zufrieden sein
In meiner Mittelmäßigkeit
Zu lachen, weinen, fürchten
Vielleicht lieben
Zu enden --
Und das soll's gewesen sein

Winterangst

Ich fühle Winter in mir
Da, wo gestern noch
Frühling war
Und während ich
Mich noch fragte
Was wohl der Sommer
Bringen werde
War auch
Der Herbst schon
Fast
Vorbei

Ich fühle Winter in mir

Aus der Kälte meiner Einsamkeit

Aus der Kälte meiner Einsamkeit
Bin ich zu dir gekommen

Doch du hattest
Zu viel Stress und
Keine Zeit

Die Arbeit nervt dich
Sagst du
Und du bist so müde
Und außerdem
Musst du heut Abend
Auch noch weg

Ein Tschüss, bis bald
Du schließt die Tür
Von innen
Und ich bin wieder da
Wo ich schon vorher war

In die Kälte meiner Einsamkeit
Bin ich zurückgekehrt

Freiheit, die ich meine

Wenn du mein Bleiben willst
Dann laß mich gehen

Wenn du mein Lachen willst
Dann drück mir nicht die Kehle zu
Mit deiner klammernden Nähe

Wenn du willst,
Dass ich dir meine Schwächen zeige
Dann gib mir Stärke
Durch deinen Abstand

Und wenn du willst
Dass ich dich liebe
Dann gib mir auch die Freiheit
Dich zu verlassen

Geht!

Geht endlich aus dem Haus
Und lasst mir Raum
Für meine Tränen

Ich will nicht mehr
Für euch den Helden spielen
Und lachen

Ich möchte schrei'n
In meiner Einsamkeit
Allein

Und ihr sollt
Meinen Schmerz nur ahnen
Wenn ihr wiederkommt